Marco Kranjc

Das Geheimnis von Weihnachten

24 anregende Gedanken
für jeden Tag bis Heiligabend

BRUNNEN
VERLAG GIESSEN · BASEL

Für Judith Klein und Mihael Švagan –
gute Freunde in spannenden Zeiten

2. Auflage 2003

Umschlagmotiv: Dieter Knoblauch, Annaberg
Umschlaggestaltung: Ralf Simon
Satz: DTP Brunnen
Druck und Bindung: Ebner & Spiegel, Ulm
ISBN 3-7655-3708-X

Lieber Leser!

Sie halten einen kleinen Führer durch die Weihnachtszeit in der Hand. Er ist dazu gedacht, Sie 24 Tage lang zu begleiten. Wenn Sie den Weihnachtstrubel hassen und die Ruhe vermissen, ist dieses Buch für die ruhigen Minuten gedacht. Und wenn Sie den Trubel lieben und die Ruhe auf eine kleine Tasse Kaffee beschränken, dann haben die täglichen Gedanken sicher gerade die richtige Länge. Wie auch immer, ich würde mich freuen, wenn ich unbekannterweise und nur in Gedanken für ein paar Tage Ihr Begleiter sein dürfte.

Im Booklet zu einer seiner CDs schreibt der griechische Komponist Mikis Theodorakis:

> **„(Diese Lieder) wenden sich heute an den nachdenklichen, sensiblen, modernen Menschen, der in sich einen Riss spürt. Und ich glaube, dass jeder Mensch einen Riss im Inneren hat, denn nur der Zweifel lässt den Menschen voranschreiten."**

Die gleichen Adressaten hat auch dieses Büchlein: nachdenkliche, sensible und moderne Menschen.

Zerrissen sind wir oft. Wir sehnen uns in der Weihnachtszeit nach Ruhe und stürzen uns dennoch in den Trubel. Wir suchen nach dem Übersinnlichen, aber ein persönlicher Gott geht uns dann doch zu weit. Wir meinen, dass Geschenke vielleicht nicht das Wichtigste sind und wollen doch mit unseren Geschenken Eindruck machen. Es geht ein Riss durch unser Leben.

Vielleicht haben Sie das oft gefühlt, aber wenig darüber nachgedacht. Dieses Büchlein möchte dazu anregen, sich über das, was an Weihnachten geschieht, einmal Gedanken zu machen. Und es fordert auf zum Zweifeln, auch zum Zweifeln an unserem eigenen Leben. Denn wer fragt sich nicht manchmal, ob das Leben, das er gerade führt, das Leben ist, das er wirklich führen möchte?

Ich wünsche Ihnen eine schöne Weihnachtszeit!

Marco Kranjc

1.

WO FINDEN WIR HILFE?

Leo Tolstoi beschreibt in „Krieg und Frieden“ den russischen Fürsten Andrej, der 1805 schwer verwundet auf dem Schlachtfeld bei Austerlitz liegt. Plötzlich wird ihm wichtig, was ihm vorher nie wichtig war:

> **„Wie schön wäre es, wenn man wüsste, wo man hier in diesem Leben Hilfe suchen kann, und was man dort, nach dem Tode, zu erwarten hat. Wie ruhig und glücklich wäre ich, wenn ich jetzt sagen könnte: Herr, Gott, erbarme dich meiner! . . . Aber zu wem soll ich das sagen?“**

Seine fromme Schwester hatte er immer belächelt. An der Schwelle des Todes aber sieht nun alles anders aus.

Wie ist dieses letzte Jahr für Sie verlaufen? War es erfolgreich, und freuen Sie sich jetzt auf reiche und genussvolle Feiertage? Oder kommen Sie an Leib und Seele verwundet aus einer verlorenen Schlacht heim? Vielleicht fragen auch Sie nach jemandem, der Ihnen helfen kann. Doch vielen von uns kann offenbar kein Mensch helfen. Gerade die Seele und das Herz sind nicht einfach „reparierbar“. Echte Hilfe scheint man schwer zu bekommen, und die meisten Angebote sind dazu noch sehr teuer.

Aber könnte es sein, dass wir gar nicht so weit gehen müssen? Wäre es möglich, dass uns die Hilfe schon lange vor den Füßen liegt und wir sie nur ergreifen müssten? Dem Volk Israel wurde vor vielen Jahrhunderten gesagt: „Er, der ewige Gott, breitet seine Arme aus, um euch zu tragen und zu schützen.“ (Die Bibel, 5.Buch Mose 33,27).

Ewig ist Gott, der schon lange vor uns und unseren Sorgen da war. Wir können uns nun gemeinsam auf seine Spuren begeben; der „alte Gott“ ist immer noch für Überraschungen gut . . .

Ich schaue hinauf zu den Bergen –
woher kann ich Hilfe erwarten?
Meine Hilfe kommt von dem Herrn,
der Himmel und Erde gemacht hat!
Der Herr wird nicht zulassen,
dass du fällst;
er, dein Beschützer, schläft nicht.
(Psalm 121,1-3)

2.

Müde?

Vieles hat der amerikanische Schriftsteller Ernest Hemingway erreicht. Sogar der Literatur-Nobelpreis wurde ihm 1954 verliehen. Und doch nimmt er eines Morgens im Jahr 1961 seine doppelläufige Jagdflinte und erschießt sich. Macht es uns denn nicht glücklich, wenn wir erreichen, was wir uns wünschen?

In seiner großen Erzählung „Der alte Mann und das Meer" scheint Hemingway über sich selbst zu berichten. Vielleicht rührt deshalb diese Erzählung so sehr an unser Herz.

Viele Tage schon fuhr der alte Fischer Santiago in seinem kleinen Boot ohne Erfolg aufs Meer. Der Fang blieb aus. Doch dann hat er eines Tages einen riesigen Schwertfisch an der Leine, der ihn weit aufs Meer hinauszieht. Nach Tagen auf See gelingt es dem alten Mann, den Fisch zu töten. Er befestigt ihn außen an seinem Boot und macht sich auf den Heimweg. Doch unterwegs greifen ihn Haie an. Stück für Stück reißen sie den großen Fang Santiagos

auseinander. Am Ende fährt der alte Mann müde und erschöpft in den Heimathafen ein mit nichts als dem riesigen Skelett des Fisches an seinem Boot.
Santiago hat den Kampf gegen die Haie verloren. So überraschend das Meer ihm den herrlichen Fisch schenkte, so überraschend und grausam sandte es ihm auch die Haie. Am Ende erkennt der alte Mann: „Du bist müde, alter Freund. Du bist innendrin müde."
Nur ein Ziel hat er noch: zur Ruhe zu kommen. „Und mein Bett, dachte er. Mein Bett ist mein Freund. Ja, mein Bett, dachte er. Das Bett wird wunderbar sein. Es ist einfach, wenn man geschlagen ist, dachte er. Ich wußte niemals, wie einfach es ist. Und was hat dich geschlagen? dachte er. ‚Nichts', sagte er laut. ‚Ich bin zu weit hinausgefahren.' "
Am Ende ergibt er sich in sein Schicksal. Er ärgert sich nicht über die Haie, er betrauert nicht seinen Verlust. Er fügt sich einfach.

Gestern habe ich nach Ihrem vergangenem Jahr gefragt. War es erfolgreich? Oder sind Sie geschlagen und müde wie der alte Santiago?

Für Ernest Hemingway bedeutete eine solche Situation das Ende. Als er merkte, dass seine schöpferische Kraft ihn verließ, erschoss er sich.

Für Jesus scheinen gerade die dunklen, verzweifelten Stunden der Menschen immer Zeiten gewesen zu sein, in denen er sie suchte. Auf seinen Wanderungen sehen wir ihn bei den Trauernden, den Kranken, den Ausgestoßenen. Ihnen half er, und sie folgten ihm. Kann ein verzweifeltes Herz wirklich der Ausgangspunkt für einen Neubeginn sein?

Jesus spricht:
Kommt alle her zu mir, die ihr euch abmüht
und unter eurer Last leidet!
Ich werde euch Frieden geben.
(Evangelium nach Matthäus 11,28)

3.

Wie werden wir glücklich?

Vielleicht war es aber doch ein gutes Jahr für Sie. Nicht, dass Sie jetzt enttäuscht sind: Jesus hat auch viel mit denen gesprochen, die ein gutes und angenehmes Leben führten, mit denen, die keine Sorgen hatten und anständig lebten. Ihnen erzählt Jesus einmal eine Geschichte:

Ein reicher Gutsbesitzer hatte eine besonders gute Ernte. Er überlegte:
„Wo soll ich bloß alles unterbringen? Meine Scheunen sind voll; da geht nichts mehr rein."
Er beschloss: „Ich werde die alten Scheunen abreißen und neue bauen, so groß, dass ich das ganze Getreide, ja alles, was ich habe, darin unterbringen kann. Dann will ich mich zur Ruhe setzen. Ich habe für lange Zeit ausgesorgt. Jetzt lasse ich es mir gut gehen. Ich will gut essen und trinken und mein Leben genießen!"
Aber Gott sagte zu ihm: „Du Narr! Noch in dieser Nacht wirst du sterben. Was bleibt dir dann von deinem Reichtum?"

So wird es allen gehen, die auf der Erde Reichtümer sammeln, aber mit leeren Händen vor Gott stehen.
(Evangelium nach Lukas 12,16-21)

Oh, habe ich Ihnen jetzt die Weihnachtslaune verdorben? Ich hoffe nicht. Da Jesus das Geburtstagskind ist, wollen wir ihn auch zu Wort kommen lassen.

Aber es ist schon ärgerlich: Warum erzählt Jesus den Menschen solche Geschichten? Vielleicht, weil er sich um sie sorgt? Vielleicht, weil er fürchtet, dass wir Dinge als Garantie für ein gutes Leben ansehen? Sind wir doch einmal ehrlich: Wir wissen noch nicht einmal, ob wir dieses Weihnachtsfest noch erleben werden. Aber was würde dann von unserem Leben bleiben? Was wird uns all das, was wir uns bis jetzt mühsam erarbeitet haben, am Ende nützen?

Jesus spricht:
„Häuft in dieser Welt keine Reichtümer an!
Sie verlieren schnell ihren Wert oder werden gestohlen. Sammelt euch vielmehr Schätze im Himmel,
die nie ihren Wert verlieren
und die kein Dieb mitnehmen kann."
(Evangelium nach Matthäus 6,19)

4.

Sind wir auf dem richtigen Weg?

Denken wir noch einmal an Fürst Andrej vom ersten Tag. Wäre es nicht schön, einen festen Grund zu haben, auf dem man stehen könnte? Wäre es nicht schön, wenn man nicht von einem blinden Schicksal umhergetrieben, sondern von einer liebenden Hand geführt würde?

Viele von uns haben den Verlust der alten Ordnungen nicht gut verkraftet. Und an neue Institutionen – wie ein geeintes Europa – glauben wir vielleicht noch nicht so recht. Auch die vielzitierte demokratische „Gleichheit" in der Gesellschaft zerfällt vor unseren Augen mehr und mehr in „reich" und „arm".

Was bleibt, ist die Suche des Einzelnen nach seiner persönlichen Nische in der Gesellschaft.

Was bleibt, ist die Ermutigung dazu, seine Ellenbogen zu gebrauchen, um doch noch etwas vom Leben zu haben. Und was bleibt, ist der Wunsch nach Veränderung. Fast jeder von uns bleibt auf seinem Lebensweg einmal stehen und fragt sich: „Soll das schon alles gewesen sein? Lebe ich eigentlich so, wie ich es mir wünsche?"

Ich persönlich glaube, dass jeder Mensch auf

seinem Lebensweg immer wieder einmal Gott begegnet, der ihn fragt: „Bist du auf dem richtigen Weg?"

Oft sind es Krisenzeiten, die uns zum Anhalten zwingen. Schwere Krankheiten erinnern uns an unsere Sterblichkeit, und Beziehungsprobleme zeigen uns unsere Unvollkommenheit. Aber könnten wir nicht auch einmal in guten Zeiten über unser Leben nachdenken? Es muss ja nicht immer erst etwas Schlimmes passieren. Es wäre doch schön, sein Leben ohne Druck und schwere Krisen auf eine gute Basis zu stellen, um in schweren Zeiten einen festen Halt zu haben.

Jesus bezeichnet sich und seine Worte einmal als den festen Grund, auf dem wir unser Leben bauen können:

> *Wer meine Worte hört und danach handelt,*
> *der ist klug. Man kann ihn mit einem Mann*
> *vergleichen, der sein Haus auf felsigen Grund baut.*
> *Wenn ein Wolkenbruch niedergeht, das Hochwasser*
> *steigt und der Sturm am Haus rüttelt,*
> *wird es trotzdem nicht einstürzen,*
> *weil es auf Felsengrund gebaut ist.*
> *Wer sich meine Worte nur anhört, aber nicht danach*
> *lebt, der ist so unvernünftig wie einer,*
> *der sein Haus auf Sand baut.*
> *Denn wenn ein Wolkenbruch kommt,*
> *die Flut das Land überschwemmt*
> *und der Sturm um das Haus tobt,*
> *wird es mit großem Krachen einstürzen.*
> *(Evangelium nach Matthäus 7,24-28)*

5.

Wie begann Weihnachten?

Vor 2000 Jahren war in Israel ganz schön was los. Der römische Kaiser Augustus (63 v.Chr.–14 n.Chr.) hatte sich in den Kopf gesetzt, die Bevölkerung seines Reiches zählen zu lassen, um an mehr Steuereinnahmen zu kommen. Dazu musste sich jeder in seiner Geburtsstadt registrieren lassen. Vielleicht kennen Sie die Geschichte von Jesus, der unterwegs in einem Stall in der Stadt Bethlehem geboren wurde.

Es waren aber nicht nur Menschen unterwegs, die sich zählen lassen sollten. Jesu Geburt war ein Drama, in dem noch mehr Darsteller mitwirkten.

Da waren „weise Männer“, wohl Priester und Magier aus Babylon. Sie folgten einem Stern, der ihnen den neuen Herrscher der Welt zeigen sollte. Den wollten sie verehren.

Dann war da König Herodes der Große, König der Juden und loyaler Verbündeter der Römer (übrigens ein Gegner der schönen und berühmten Königin Kleopatra). 33 Jahre lang regierte er mit Terror und Mord. Sein Misstrauen und seine Mordlust werden uns ein paar Tage begleiten. Denn an einem neuen

König, von dem die babylonischen Reisenden ihm erzählten, hatte er gar kein Interesse.

Eine wichtige Rolle spielten auch die Schriftgelehrten (die studierten Theologen) an Herodes´ Hof. Sie wussten mehr über Jesu Geburt als alle anderen.

Folgendes passiert: Die babylonischen Astrologen fragen natürlich zuerst bei König Herodes nach dem *neuen* „König der Juden". Der weiß von nichts und erschrickt. Sägt da jemand an seinem Thron? Aber man sitzt nicht 33 Jahre auf einem umkämpften Thron, wenn man nicht auch sehr schlau ist. Und so fragt Herodes zunächst die Hoftheologen, ob an dieser Geschichte etwas dran ist. Seltsam: Er fragt nicht nach einem König, sondern nach dem „Christus", dem Erlöser. So ganz fern jeder Religion scheint auch er nicht gewesen zu sein (und wer ist das schon?). Interessanterweise bekommt er von den Theologen eine Antwort. Denn in den alten Prophetenbüchern der Bibel steht der Geburtsort des Erlösers geschrieben: Bethlehem. Und nun gibt Herodes den Babyloniern (heimlich!) den Auftrag, diesen neuen König in Bethlehem zu suchen. Angeblich, um ihn zu verehren, aber in Wahrheit, um ihn zu töten.

Vielleicht sind Sie jetzt ein wenig verwirrt. War Weihnachten nicht die Geschichte mit den Hirten auf dem Feld und dem süßen Gesang der Engel? Nun ja, das auch. Aber vielleicht noch mehr eine Geschichte von Lüge, Gewalt, Mord und der Suche nach Jesus.

Und entspricht das nicht eher auch unserem Leben? Es ist ja gar nicht so einfach, sich aus dem normalen Leben auszuklinken und ein paar nette Weihnachtstage mit dem Jesuskind zu erleben. Der Ernst des Lebens hat uns bald wieder. Da wäre es doch viel sinnvoller, nach dem Jesus zu suchen, der auch heute persönlich zu finden ist. Der Mann Jesus, der unser Leben verändern kann.

König Herodes, die Weisen und die Theologen, sie alle suchten Jesus. Gehen wir einfach ein paar Tage mit ihnen. . .

Weil Joseph ein Nachkomme Davids war,
der in Bethlehem geboren wurde,
reiste er von Nazareth in Galiläa nach Bethlehem in Judäa. Joseph musste sich dort einschreiben lassen,
zusammen mit seiner jungen Frau Maria,
die ein Kind erwartete.
Als sie in Bethlehem waren, brachte Maria
ihr erstes Kind – einen Sohn – zur Welt.
Sie wickelte ihn in Windeln
und legte ihn in eine Futterkrippe im Stall,
weil sie in dem Gasthaus
keinen Platz bekommen hatten.
(Evangelium nach Lukas 2,4-7)

6.

FÜRCHTEN WIR UNS VOR JESUS?

War Herodes wohl glücklich? Macht hatte er. Er hatte Reichtum. Er konnte alles bekommen, was er wollte. Aber war er glücklich? Ich glaube nicht. Er war ängstlich, zornig, eifersüchtig, und er war ein Mörder. Aber Gott will, dass auch er von Jesus erfährt. Gott sagt den babylonischen Astrologen nicht im Traum, dass sie nach Bethlehem gehen sollen. Sie gehen nach Judäa und denken sich, dass ein neu geborener König ja wohl im Palast in Jerusalem wohnt. So hört Herodes von Jesu Geburt. Das war ein Angebot Gottes auch an ihn, sein Leben neu auszurichten.

Viele Menschen denken auch heute wie Herodes: „Wenn Gott die Herrschaft über mein Leben haben will, dann muss ich ihn loswerden!"
Die Theologen um Herodes schauen in die Bibel und sagen: „Ja, die Weisen haben Recht. Der Retter wird geboren, und zwar in Bethlehem." – Herodes aber will Jesus töten. Und es gibt auch heute Menschen, die sagen: „Auch wenn alles stimmt, was du von Gott sagst, werde ich trotzdem nicht glauben!"

Vielleicht haben Sie Angst, dass Ihr Leben ganz anders wird, wenn Sie erst einmal anfangen, über Jesus nachzudenken. Sie haben vielleicht Angst, das Kommando über Ihr Leben zu verlieren. Aber ist das so schlimm? Wohin hat Sie diese Herrschaft über Ihr Leben bis heute gebracht? Sind Sie glücklich und zufrieden? Oder würden Sie gerne noch einmal von vorn anfangen?

Jesus ist gekommen, damit wir die Möglichkeit haben, neu anzufangen. Er will das gesund machen, was in unserem Leben kaputt gegangen ist, und er möchte vor allem, dass wir unser Leben wieder in Gemeinschaft mit Gott führen. Dieses Angebot galt auch für einen Mann wie Herodes.

Niemand ist zu schlecht, und kein Leben ist zu kaputt, um zu Gott zu kommen.

Begehen Sie nicht den gleichen Fehler wie Herodes. Er machte sich nur Gedanken darüber, wie er Jesus loswerden könnte.

Ist da Angst in Ihrem Herzen? Sie wissen nicht, was auf Sie zukommt? Haben Sie keine Angst; Jesus ist geboren, weil Gott Sie liebt. Darum feiern wir Weihnachten – und darum ist Weihnachten bis heute das Fest der Liebe und der Freude.

Herodes hatte Angst vor Jesus. Und Sie?

Herodes war außer sich vor Zorn,
als er merkte, dass ihn die Sternforscher
hintergangen hatten.
Er ließ alle Jungen unter zwei Jahren
in Bethlehem und in der Umgebung dieser Stadt
umbringen.
Das Alter des Kindes hatte
er nach den Angaben der Sternforscher errechnet.
(Evangelium nach Matthäus 2,16)

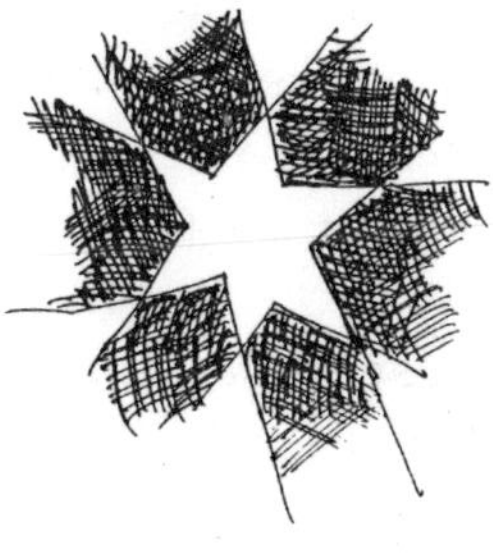

7.

Menschen suchen Jesus mit kaltem Herzen

Als die Sterndeuter aus dem Osten vom Stern des neuen Königs der Juden erzählen, ruft Herodes seine geistlichen Ratgeber. Das staatliche und das religiöse Leben der Juden waren ja eng miteinander verbunden. So hatte Herodes auch eine Gruppe von Theologen an seinem Hof. Diese wurden immer gerufen, wenn wichtige religiöse Entscheidungen zu treffen waren: „Wo soll Christus, der Retter, geboren werden?“, ist eine einfache Frage.

Und da die Gelehrten die Bibel fast auswendig kannten, antworteten sie: „In Bethlehem!“ (Micha 5,1).

Herodes fragt hier nicht nach irgendeinem König, der ihn beerben soll. Er fragt nach dem Christus, dem versprochenen Erlöser. Er will ganz bewusst den von Gott gesandten Retter töten. Er will sich mit Gott selbst messen.

Und die Priester und Theologen? Sollten sie es nicht besser wissen? Natürlich. Aber sicher haben sie auch Angst vor Herodes. Wenn sie gesagt hätten: „Du hast keine Chance, Gottes Sohn wurde in Bethlehem geboren!", wären sie tote Männer gewesen.

Aber vielleicht hatten sie auch Angst um ihre Stellung. Es war ja alles so schön. Sie hatten die Gebote Gottes und einen schönen großen Tempel. Sie kannten die Bibel auswendig. Sie waren vor allem viel besser und frommer als das normale Volk. Und sie vertrugen sich mit Herodes ganz gut. Was also sollten sie ändern? Alles Neue konnte nur stören.

Vielleicht waren sie auch in ihrem Stolz verletzt. Wenn Gott den Erlöser Christus schickt, wer würde davon zuerst erfahren? Die Priester und Schriftgelehrten natürlich! Und da kommen diese Astrologen und sagen, Gott hat ihnen den Weg gezeigt? Das ist doch anmaßend!

Vielleicht haben Sie auch schon solche Menschen getroffen. Überall auf der Welt gibt es solche Pastoren, Priester und Theologen. Sie sollten eigentlich wissen, wie man mit Gott lebt. Aber dann merkt man, dass sie selber sich nicht um ihn kümmern. Sie reden von dem, was sie gelernt haben, nur ihr Herz ist nicht dabei. Sie kennen den richtigen Weg, wie die Theologen in diesem Text, aber sie gehen ihn selber nicht.

Nachdem Sie so etwas erlebt haben, haben Sie vielleicht entschieden, dass Gott wohl auch nichts für Sie sei. Wenn das Christen sind, wollen Sie keiner werden!

Wie schade! Wenn es um Gott geht, sollten uns Menschen nicht interessieren. Warum lassen wir uns von fehlerhaften Christen abhalten, wenn doch Gott selber mit uns zu tun haben möchte? Wir feiern Weihnachten, weil Gott uns Menschen liebt. Menschen können enttäuschen, Gott niemals.

Der Apostel Paulus schreibt:
Gott aber ist treu!
(1. Brief an die Korinther 1,9)

8.

Menschen suchen Jesus mit ganzem Herzen

Einen weiten Weg sind sie gekommen, unsere Astrologen. Die Geburt eines ganz besonderen Königs hatten sie aus den Sternen herausgelesen. Wir haben schon gehört, dass dies ein schwerer Schlag für die jüdischen Theologen gewesen sein muss.

Hier sind Menschen aus dem Morgenland, welche die Bibel vielleicht gar nicht kennen und doch große Mühen auf sich nehmen, um herauszufinden, was Gott ihnen zeigen möchte.

Und dann kommen sie nach Jerusalem und werden enttäuscht. Niemand weiß etwas von dem neuen König. Im Gegenteil, sie werden eher kühl empfangen, und die Menschen sind entsetzt. Am einfachsten wäre es doch, jetzt umzukehren. Dann hätten sie zwar einen weiten Weg umsonst gemacht, aber sie wollten ja schließlich nicht ihr Leben riskieren.

Sie aber lassen sich nicht beirren und werden von Herodes sogar ermutigt. Und vor allem wissen sie nun den genauen Ort der Geburt: Bethlehem, nur etwa zehn Kilometer von Jerusalem entfernt.

Vielleicht machen sie sich etwas frustriert auf den Weg, denn so hatten sie sich den Empfang nicht vorgestellt. Doch unterwegs sehen sie wieder den Stern und freuen sich. Gott ist immer noch mit ihnen, er führt sie. Und so finden sie das Kind im Stall, Jesus. Das „Anbeten" im biblischen Text bedeutet, dass sie vor Jesus auf die Knie fallen und mit der Stirn den Boden berühren.

Und noch einmal redet Gott zu ihnen. Sie sollen nicht zu Helfern der Mordlust des Herodes werden. Im Traum sagt Gott ihnen, dass sie nicht zu Herodes zurückkehren sollen. Und so reisen sie auf einem anderen Weg wieder in ihre Heimat.

Vielleicht sind Sie jemand, der ganz weit weg ist von Gott. Niemand würde glauben, dass Sie einmal ein gläubiger Christ werden könnten. Sie selbst eingeschlossen. Und überhaupt, wer ist das: Jesus? Wie können Sie jemanden suchen, den Sie gar nicht kennen?

Das ist eine gute Frage. Lassen Sie mich Ihnen Jesus ein wenig vorstellen . . .

Jesus fragt:
Ihr aber, für wen haltet ihr mich?
(Evangelium nach Markus 8,29)

9.

Jesus – wer war er?

Es wäre kaum richtig zu sagen, dass Jesus eine unumstrittene Persönlichkeit ist. Es gibt viele Meinungen über Jesus.

Halten wir zunächst eines fest: Es gibt kaum jemanden, der bezweifelt, dass Jesus überhaupt gelebt hat. Er ist eine historische Persönlichkeit. Aber wer war er?

Man könnte sagen, er war ein einfacher jüdischer Wanderprediger. Seine Lehre war ganz anders, als man es bisher gehört hatte: Feindesliebe und nie endende Vergebung, das war schon etwas Besonderes in einem von Römern besetzten Land. Schlussendlich war er vielleicht doch nur einfach ein Partisan, der den Besatzern zum Opfer fiel. Vielleicht hat er seinen Tod ja auch selbst provoziert.

Manche seiner Worte hören sich an, als ob er ein sozialer Unruhestifter war. Da er sich um die Armen kümmerte und die Reichen verunsicherte, ist er bestimmt manchem auf die Füße getreten. Für seine Gegner war es in diesen unsicheren Zeiten leicht, ihn mit staatlicher Hilfe aus dem Weg räumen zu lassen.

Eines scheint uns sicher: Er war ein großartiger Mensch, ein vorbildlicher Lehrer der Menschheit und einer der großen Religionsstifter. – Ja, war er das? Wenn wir Jesu Leben und Lehren in der Bibel nachlesen, sind wir schnell irritiert. Es fällt auf, dass Jesus seine Lehre niemals von seiner Person trennt. Nicht nur seinen Worten soll man gehorchen, sondern ihm persönlich folgen. So weit, so gut. Vorbilder helfen uns.

Aber dann sagt er, dass er selber Gott ist. Können wir das als Nebensache abtun? Wohl kaum. Eine Nebensache war das weder für Jesus noch für seine Zeitgenossen. Denn für diese Aussage wurde er schließlich hingerichtet.

Sehen wir in Jesus nur den großen Morallehrer, stecken wir in der Klemme: Wie kann ein solch guter Mensch behaupten, er sei Gott? Würde ich Ihnen sagen, ich sei Gott, und Sie müssten auf mich hören: Was wäre Ihre Antwort? Ich stelle mir zwei Möglichkeiten vor: Sie würden mich als Lügner bezeichnen oder einfach annehmen, ich sei verrückt.

Nun gut, dann machen wir es mit Jesus genauso: Er war entweder ein Lügner oder ein Verrückter. Aber halt: Hatten wir uns nicht darauf verständigt, dass er ein vorbildlicher Mensch und Lehrer der Menschheit war? Wie passt das zusammen?

Eigentlich gar nicht. Das müssen wir uns wohl noch näher anschauen . . .

Jesus spricht:
Wer meine Worte hört und danach handelt, der ist klug. Man kann ihn mit einem Mann vergleichen, der sein Haus auf felsigen Grund baut.
(Evangelium nach Matthäus 7,24)

10.

JESUS – WAR ER EIN LÜGNER?

War Jesus also ein Lügner und Betrüger? All die großen Worte über sich selbst nur, um seine Anhänger an sich zu binden? „Ich bin der Weg, die Wahrheit und das Leben – Ich und der Vater (Gott) sind eins – Wer mich sieht, der sieht den Vater . . ." – mutig, sich als Gott auszugeben! Andererseits war Jesus sicher nicht der erste und auch nicht der letzte, der das tat.

Aber passt das mit seinem Anspruch auf Wahrheit zusammen? Jesus predigte Ehrlichkeit, Wahrhaftigkeit und Aufrichtigkeit *um jeden Preis.* Wenn er sich dann aber als Gott ausgibt, müsste er dann nicht ein außergewöhnlich großer Heuchler und Verführer gewesen sein? Verstehen wir uns richtig: Wenn Jesus wirklich Gott ist, dann kann und muss er diesen Anspruch natürlich stellen. Wenn wir ihn aber nur als „guten Menschen" sehen, passt das ganz und gar nicht. Wahrheit predigen und sich dann als Gott ausgeben? Kann ein Leben, das auf einer großen Lüge aufgebaut ist, Menschen zum Guten verändern? Und außerdem: Wäre Jesus nicht auch sehr dumm gewesen, sich um dieser Lüge willen ans Kreuz nageln zu lassen?

Es ist interessant: Was viele Menschen von Jesus annehmen – er sei ein großer moralischer Lehrer –, passt nicht mit dem zusammen, was er von sich selber sagte. Versuchen wir, beide Meinungen zusammen zu bringen, verwickeln wir uns in Widersprüche.

Man kann Jesu Anspruch auf unser Leben also nicht einfach „wegloben“. Wir können ihn nicht einfach auf den Posten des *„guten Lehrers“* abschieben und seinen Anspruch, Gott zu sein, vergessen. Jemand, der so lehrte, wie Jesus lehrte, und so lebte, wie Jesus lebte, kann wohl kaum ein Lügner gewesen sein. Was aber dann? Vielleicht war er wirklich Gott! Wenn wir das nicht annehmen wollen, haben wir eigentlich nur noch eine Möglichkeit: Jesus war einfach verrückt.

> *Jesus spricht:*
> *Ich bin der Weg, ich bin die Wahrheit,*
> *und ich bin das Leben! Ohne mich*
> *kann niemand zum Vater kommen.*
> *(Evangelium nach Johannes 14,6)*

11.

Jesus – war er ein Verrückter?

Menschen, die sich für Gott halten, soll es ja geben. Sie meinen es gar nicht böse, sondern meist ehrlich und aufrichtig. Und auch das gehört zu den Möglichkeiten eines Menschen: Es aufrichtig meinen, aber trotzdem im Irrtum sein. Könnte das bei Jesus der Fall gewesen sein?

Doch auch hier stoßen wir wieder auf Schwierigkeiten: Wäre ein Geisteskranker in der Lage gewesen, so zu lehren, wie Jesus es tat? Wo sonst finden wir solche Menschenkenntnis, solche Tiefe der Gedanken, solche Liebe und Weisheit?

Es ist doch so: Wir reihen Jesus wirklich gerne unter die Großen der Geschichte ein, und kaum einer will ihm seinen Platz dort streitig machen. Aber irgendwie passt er nicht so recht dorthin. Er will sich einfach nicht zwischen Buddha und Mohammed einfügen. Wie wir es auch drehen und wenden: Im Vergleich bleibt er immer eine Klasse für sich. Jesus können wir schlecht einordnen; er macht es uns nicht leicht.

Jesus behauptete, dass er schon bei der Schöpfung der Welt dabei war; dass er Herz und Gedanken der

Menschen lesen kann; dass er Sünde vergeben kann; dass er die Macht hat, vom Tode aufzuerwecken, und dass er einmal wiederkommen und die Menschen richten wird.

Jesus – nur ein großer Lehrer?
Jesus – ein Lügner?
Jesus – ein Verrückter?

Was aber, wenn er wirklich die Wahrheit gesagt hat? Was, wenn sie alle im Recht waren? Herodes der Große, seine Theologen und die babylonischen Astrologen – und an Weihnachten tatsächlich Gott selbst auf diese Welt kam? Was, wenn das, was Jesus über sich selbst sagt, der Wahrheit entspricht?

Denken Sie einmal darüber nach: Wenn Gott tatsächlich Mensch geworden ist, wäre das für Sie etwas Tröstliches oder etwas Erschreckendes?

> *„Und für wen haltet ihr mich?", fragte Jesus die Jünger. Darauf antwortete Petrus: „Du bist Christus, der von Gott verheißene Retter, der Sohn des lebendigen Gottes!"*
> *(Evangelium nach Matthäus 16,15-16)*

12.

Jesus – mehr als wir vertragen können?

Man hatte sich eingerichtet ohne Jesus. Die Kirchen liefen gut ohne ihn, sie taten Jesu Arbeit besser als er selber. Als er zurückkam, störte er nur. So erzählt es jedenfalls Fjodor Dostojewski in seinem Roman *„Die Brüder Karamasow"*:

„Jesus ist leise und unauffällig erschienen, doch alle – das ist seltsam – erkennen ihn." Doch weil er stört, wird er vom Großinquisitor in den Kerker geworfen.
„Warum bist du gekommen, uns zu stören?", fragt der neunzig Jahre alte kirchliche Würdenträger Jesus. Und dann kündigt er an, Jesus auf dem Scheiterhaufen verbrennen zu lassen. Während der Alte weiter redet, schweigt Jesus. Nicht ein Wort sagt er.
„Nachdem der Inquisitor verstummt ist, wartet er eine Weile, was sein Gefangener ihm antworten werde. Dessen Schweigen bedrückt ihn. Er hat bemerkt, wie der Gefangene ihm die ganze Zeit über zugehört und eindringlich und

ruhig in die Augen geblickt hat und ihm offenbar nichts hat entgegnen wollen. Der Greis möchte, dass er ihm etwas sage, sei es auch etwas Bitteres, Furchtbares. Er aber nähert sich schweigend dem Greis und küsst ihn still auf seine blutleeren neunzigjährigen Lippen. Das ist seine ganze Antwort. Der Greis fährt zusammen. Seine Mundwinkel zucken; er geht zur Tür, öffnet sie und sagt zu ihm: ‚Geh und komm nicht wieder . . . komm nie, nie mehr wieder . . . niemals, niemals!' Und er lässt ihn hinaus auf die dunklen Straßen und Plätze der Stadt. Der Gefangene geht."

Für den Alten war der wirkliche Jesus mehr, als er aushalten konnte. Er hatte sich in seiner Welt so schön eingerichtet, Jesu Werk sogar *„verbessert"*. Für Jesus Christus, Gottes Sohn, war da nicht mehr so richtig Platz. Und ich habe den Eindruck, dass sich viele Gedanken des Großinquisitors bei den Menschen heute finden. Man hat sich sein eigenes Jesusbild zurecht gemacht. Was soll's, ob er nun Gott, Mensch, Lügner oder geisteskrank war? Hauptsache, ich bin glücklich mit *meiner* Version von Jesus. Es ist schon wahr: *„. . . die Menschen verlangt es nicht so sehr nach Gott als nach Wundern"*.

Möglichst jedem Guru laufen die Leute nach. Aber man komme uns nicht mit einem persönlichen Gott, dem wir verantwortlich sind! Nur: kann meine eigene Version (die letztendlich vielleicht sogar ein Abbild meiner selbst ist) irgendetwas in meinem Leben bewirken? Sind wir wirklich in der Lage, uns an den eigenen Haaren aus dem Sumpf zu ziehen?

Vielleicht ist am Ende doch das am sichersten: Jesus Christus so nehmen, wie er sich selber darstellt. Was wir – nach aller Logik und allem Unverständlichen – entdecken, ist Jesu unendlich große Liebe zu den Menschen – *Jesu Liebe zu Ihnen*. Kann diese Liebe ein Leben verändern? Wir werden sehen . . .

Jesus spricht:
Auch der Menschensohn ist nicht gekommen,
um sich bedienen zu lassen, sondern um zu dienen
und mit seinem Leben viele Menschen
aus der Gewalt des Bösen zu befreien.
(Evangelium nach Markus 10,45)

13.

WOZU SIND WIR DA?

Es ist ja immer so eine Sache mit den eigenen Lebensentwürfen: Ganz sicher ist man sich nie. Und merkt man, dass man auf dem falschen Weg war, ist dieses kurze Leben schon fast vorbei.

Haben Sie sich jemals gefragt, warum wir Menschen oft so viel Stress haben und so gehetzt leben? Ich weiß, warum: Weil wir sterblich sind. Wir haben nur dieses eine kurze Leben, das wir natürlich auskosten wollen!

Vielleicht kennen Sie den Film *„Citizen Kane"* von Orson Welles. Von vielen Kritikern wird er als der beste Film aller Zeiten bezeichnet.

Kane ist ein Multimillionär, der in seinem Palast Xanadu lebt und um sich herum eine riesige Sammlung schöner und kostbarer Dinge aus aller Welt angehäuft hat. Er hat alles, und sein Leben lang hat er die Menschen seiner Umgebung dazu benutzt, seine Ziele zu erreichen.

Ganz am Anfang des Films stirbt Kane als

einsamer Mann. Sein letztes Wort ist *„Rosebud"*. Ein Reporter macht sich nun auf, um die Bedeutung dieses Wortes herauszufinden. Er befragt viele Menschen nach dem Leben Kanes, aber er findet keine Antwort. Nur der Zuschauer erfährt, was es mit *„Rosebud"* auf sich hat. Dieser Name war auf einem Schlitten eingebrannt, mit dem Kane als Kind gespielt hatte. Das war zu einer Zeit, als er noch mit Menschen lebte, die ihn liebten und die er liebte. Dieses Leben war es, was Kane eigentlich wollte: das *schöne Leben*, das er geopfert hatte, um Tausende von Sachen zu erhalten, die ihm in Wirklichkeit nichts nützten und nicht das einbrachten, wonach er suchte. Auf dem Totenbett aber war es zu spät, das Leben noch einmal zu beginnen.

Was wollen wir also wirklich von unserem Leben?

Und wenn unsere Hi-Fi-Anlage noch so groß ist, kann sie meine Beziehung zu den Menschen nicht regeln.

Auch wenn ich einen Porsche fahre, wird er mir niemals einen Kuss geben.

Und wenn mein Computer noch so schnell ist, dann wird er mein Leben keine Sekunde verlängern.

Von Sachen können wir immer nur Funktionen erwarten, aber keine Liebe und keine Gemeinschaft.

Was aber können wir ändern? Vielleicht sollten wir uns einmal fragen, wozu wir überhaupt da sind. Was ist der Sinn unseres Lebens, wozu sind wir auf der Welt? Um 75 Jahre zu leben und dann zu sterben? Können wir uns damit abfinden? Schnell klingt in uns wieder die Frage vom Anfang: Soll das alles sein?

Die Bibel berichtet uns, dass zum Leben sehr wohl mehr gehört. Sie berichtet davon, dass der Mensch mit gewissen Zielen und Bestimmungen geschaffen wurde. Wir sind nicht einfach intelligente Tiere. Wir wurden geschaffen als geistliche Wesen, als Wesen, die auf Gott hin angelegt sind. Fehlt diese Beziehung zu Gott, empfinden wir das bewusst oder unbewusst als Mangel. Viele Menschen versuchen diesen Mangel mit Geld zu beheben – zufrieden werden die wenigsten. Oder man versucht es mit Horoskopen und Glücksbringern. Bewusst oder unbewusst möchten wir ein geistliches Zuhause haben, möchten wir auch geistlich zufrieden sein. Was also hat Gott mit unserem Leben vor, damit wir im Innersten zufrieden sind?

Jesus sagt:
Ich aber bringe allen,
die zu mir gehören, das Leben –
und dies im Überfluß.
(Evangelium nach Johannes 10,10)

14.

Bestimmt zur Gemeinschaft

Die ersten Seiten der Bibel sind sehr aufschlussreich. Wir lesen dort von der Schöpfung der Welt, die Menschen eingeschlossen. Und wir erfahren auch etwas darüber, was sich Gott bei der Schöpfung der Welt gedacht hat.

Auffallend ist zunächst die Betonung der Gemeinschaft. Niemand will alleine sein, weder Gott noch der Mensch. Gott hat den Wunsch nach Gemeinschaft. Und so legt er diesen Wunsch auch in seine Geschöpfe. Niemand möchte einsam sein. Die Sehnsucht nach einem Gegenüber ist tief in unserem Herzen verankert. Wir sind zur Gemeinschaft bestimmt. Deshalb sind z.B. Feiern Höhepunkte unseres Lebens; Abschied und Tod dagegen sind Tiefpunkte.

Was aber, wenn wir unsere Bestimmung einer Prüfung unterziehen? Dann finden wir uns selber in schlechtem Zustand wieder.

Die Gemeinschaft der Menschen mit Gott ist nicht in Ordnung. Nicht von ungefähr sprechen wir in Europa schon von einem „nachchristlichen" Zeitalter.

Und die Beziehung der Menschen untereinander ist – für jeden von uns sichtbar – ebenfalls nicht in Ordnung. Das geht vom Streit in der Familie und der Feindschaft mit meinem Nachbarn bis zum Krieg zwischen Völkern. Was können wir hier nicht alles anführen! Neid, Eifersucht, Stolz und Streit; zu oft regieren sie unser Leben und ersticken das, wonach wir uns eigentlich sehnen: Liebe und Gemeinschaft. Verzweifelt suchen wir Anerkennung und Gemeinschaft mit unseren Mitmenschen und enden doch oft damit, dass wir mit Geld, das wir nicht haben, Dinge kaufen, die wir nicht brauchen, um Leute zu beeindrucken, die wir nicht mögen.

Natürlich sind viele von uns jetzt in der Weihnachtszeit friedlicher und milder gestimmt. Aber das kostet Kraft, nicht wahr? Machen wir uns nichts vor: Das Ziel der Gemeinschaft haben wir alle mehr oder weniger verfehlt. Und wir leiden darunter. Scheidungen und Selbstmorde liefern für dieses Versagen traurige Statistiken.

Bei Jesu Geburt sangen die Engel:

Gott im Himmel gehört alle Ehre;
denn er hat den Frieden auf die Erde gebracht
für alle, die bereit sind, seinen Frieden anzunehmen.
(Evangelium nach Lukas 2,14)

Anscheinend machte Gott wieder einmal den ersten Schritt, damit wir zu uns selbst finden können. Friede und erneuerte Gemeinschaft finden wir durch Jesus.

15.

Bestimmt zum Bauen

„Siegesgewiss blicken sie auf den Zusammenbruch der Natur ...“, schreibt schon der römische Naturforscher Plinius (23/24–79 n.Chr.) über seine Zeitgenossen. Und er fragt an anderer Stelle:

> **„Was für ein Ende soll die Ausbeutung der Erde in all den künftigen Jahrhunderten noch finden? Bis wohin soll unsere Habgier noch vordringen?“**

Gott hat den Menschen zur Herrschaft über diese Erde bestimmt. Nun ist „Herrschaft“ ein Wort, das einen negativen Beigeschmack hat: Unterdrückung, Ausbeutung, Machtmissbrauch. Und in Bezug auf unser Verhältnis zur Natur trifft das sicher zu. Mittlerweile haben wir gemerkt, dass wir durch unseren Umgang mit der Natur unser eigenes Überleben aufs Spiel setzen. War es das, was Gott mit dem „Herrschen“ gemeint hat? Wohl kaum.

Unser Ideal von einer Regierung ist, dass sie zum Wohle der Menschen arbeitet und jedem hilft, nach seinen Gaben und Möglichkeiten zu leben. Des Menschen Herrschaft über die Welt muss auch so gesehen werden. Dazu zählt die alltägliche Arbeit, aber auch die kulturellen Leistungen, die wir vollbringen. Es geht auch um das, was jeder persönlich aus seinen Gaben und Talenten macht. Wir entdecken das Potenzial, das Gott zur Gestaltung dieser Welt und unseres Lebens in uns gelegt hat.

Gemessen am Ideal merken wir aber auch wieder: Die Menschen haben von Anfang an versagt.

Vielleicht waren die Beispiele überflüssig, denn kaum eine menschliche Verfehlung fällt so ins Auge und betrifft jeden so unmittelbar wie die Zerstörung der Umwelt.

Sie müssen zugeben: Wenn auch das Pflegen und Hegen der Erde eine Bestimmung des Menschen ist, so haben wir damit deutlich versagt. Und wir brauchen gar nicht die „Menschheit" als solche heranzuziehen. Persönlich haben wir versagt. Wir alle sind Müllproduzenten, Luft- und Wasserverschmutzer. Wir suchen nur unseren eigenen Vorteil. Viele unserer Fähigkeiten lassen wir verkümmern. Falsche Ernährung und stumpfsinnige geistige Betätigung unterdrücken die wundervollen Begabungen unseres Leibes.

Die Frage des Plinius ist noch unbeantwortet: *„Bis wohin soll unsere Habgier noch vordringen?"* Von Gott, dem Schöpfer, hat die Habgier uns jedenfalls weit weggebracht. Habgier und Missbrauch gehören nicht zu unserer Bestimmung. Sie werden uns gelegentlich nützen, aber nicht glücklich machen.

Dann sprach Gott:
Jetzt wollen wir den Menschen machen,
unser Ebenbild, das uns ähnlich ist.
Er soll über die ganze Erde verfügen:
über die Tiere im Meer, am Himmel
und auf der Erde."
(Das 1. Buch Mose 1,26)

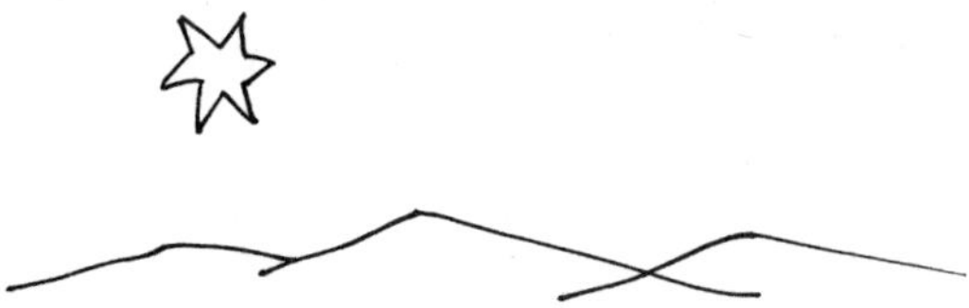

16.

Bestimmt zum Leben

Bestimmt zur Gemeinschaft mit Gott und Menschen, zur Kultivierung der Erde; was fehlt uns da noch? Die Bibel sagt, dass wir bestimmt sind zum ewigen Leben. Das mag Ihnen jetzt wirklich zu fromm klingen. Ihrer Meinung nach ist nach dem Tod alles vorbei. Oder aber, und damit würden Sie zu einer Mehrheit gehören, Sie glauben schon, dass es da noch etwas gibt – und sind vielleicht sogar auf der Suche. Wie gesagt, damit sind Sie nicht allein. Wenn auch viele Kirchen heute leer sind, ist „Esoterik" trotzdem ein boomender Wirtschaftszweig. Die Buchläden sind voll von Titeln zur Esoterik, das Kursangebot ist unüberschaubar, die Gebühren dafür teilweise fast unbezahlbar. Anscheinend gibt es doch viele Menschen wie Tolstois Fürsten Andrej:

„Wie schön wäre es, wenn man wüsste, wo man hier in diesem Leben Hilfe suchen kann, und was man dort, nach dem Tode, zu erwarten hat."

Gemeinschaft mit Gott *und* Menschen? Pflege und Aufbau der Erde *und* ewiges Leben? Fällt Ihnen auf, wie sehr der christliche Glaube in beiden Bereichen gründet? Es geht sehr ausdrücklich um unser tägliches Leben auf der Erde *und* um unsere ewige Zukunft. Anders als in vielen esoterischen Lehren werden Sie sich nicht geistig von dieser Welt lösen müssen und Ihre Probleme los sein. Und anders als im positiven Denken sollen Sie sich die Schwierigkeiten des Lebens nicht schönreden oder wegdenken. Der biblische Glaube betrachtet die Welt, wie sie ist; mit all ihrer Unvollkommenheit, dem Leid, den Schmerzen und der Schuld, mit der wir immer wieder fertig werden müssen. Die Antwort auf unsere Lebens- und Sinnfragen liegt nach der Bibel darin, ob wir wieder unserer Bestimmung entsprechend leben wollen und können. Sie spricht von der „Ewigkeit", die wir Menschen im Herzen haben, der Sehnsucht nach Gott.

Ein wesentlicher Punkt ist das Problem unserer Schuld. Denn wir können nicht an unserer Bestimmung und am Sinn unseres Daseins vorbeileben, ohne an Gott, an dieser Welt und an den Menschen, mit denen wir leben, schuldig zu werden.

Gerade dieses Problem der Schuld ist es, was den Menschen daran hindert, nach seiner Bestimmung zu leben. Schuld steht zwischen Gott und dem Menschen, und Schuld steht zwischen den Menschen. Wer kann diese Schuld wieder gutmachen? Wer wird die gestörten Beziehungen heilen?

Es ist Gott, der sich herablässt, um an Weihnachten als kleines hilfloses Baby in einem schmutzigen Stall geboren zu werden. Gott kommt in unsere Welt. Er wird ein Mensch. Das ist die eigentliche Weihnachtsbotschaft.

Die Bibel antwortet aber nicht auf die Frage: „Wie entfliehe ich dieser Welt?“, sondern: „Wie lebe ich sinnvoll in dieser Welt, und wie bekomme ich ewiges Leben?“

Für alles auf der Welt
hat Gott schon vorher die rechte Zeit bestimmt.
In das Herz des Menschen hat er den Wunsch gelegt,
nach dem zu fragen, was ewig ist.
Aber der Mensch kann Gottes Werke
nie voll und ganz begreifen.
(Der Prediger Salomo 2,11)

17.

Sind Sie ein Sünder?

Was für eine Frage! Zum einen können Sie mit dem Begriff „Sünder" sowieso nicht viel anfangen, und zum anderen ist doch jeder Mensch ein Sünder. Können wir irgendwie herausfinden, wer wirklich ein *Sünder* ist? Ein echter Sünder? Vielleicht, wenn wir in die Gefängnisse schauen? In Deutschland sind Menschen – nach der Häufigkeit aufgelistet – aus folgenden Gründen im Gefängnis:

1. Einbruchdiebstahl
2. Drogenvergehen
3. Schwerer Raub
4. Betrug
5. Mord
6. Vergewaltigung
7. Räuberischer Diebstahl und räuberische Erpressung
8. Urkundenfälschung
9. Trunkenheit am Steuer
10. Gefährliche Körperverletzung

Vielleicht haben wir Glück: *Das* sind die Sünder, und *wir* sind die Guten. Zumindest sind wir nicht ganz so schlecht. Und wir finden immer jemanden, der noch schlechter ist als wir selbst.

Schauen wir noch einmal in die Bibel, dann sehen wir, dass sie *jeden* Menschen als Sünder bezeichnet.

Na klar, sagen wir, jeder ist ein Sünder. Aber es gibt eben große und kleine Sünder.

Interessanterweise finden wir aber *unsere* Maßstäbe nicht in der Bibel. *„Sünde"* – das ist nicht zuerst die schlechte Tat, sondern unser Zustand. Also: Wir sind nicht Sünder, *weil* wir schlechte Dinge *tun*, sondern wir *tun* schlechte Dinge, *weil* wir Sünder sind.

Was hat das jetzt zu bedeuten?

Ein Teil der Bibel wurde ja auf Griechisch niedergeschrieben. Ein griechisches Wort, das im Neuen Testament für Sünde gebraucht wird, bedeutet wörtlich übersetzt *„Zielverfehlung"*. Das bringt uns auf den Weg. Denken wir noch einmal zurück:

Gott hat den Menschen für bestimmte Ziele geschaffen. Gott wollte auf ewig mit den Menschen Gemeinschaft haben, der Mensch sollte die Erde pflegen und bebauen, und die Menschen sollten untereinander in Gemeinschaft leben.

Wir haben schon gesehen, dass wir alle diese Ziele nicht erreicht haben. Und wir können das Wort „Sünder" jetzt vielleicht ganz untheologisch und untraditionell erklären:

Ein Sünder ist ein Mensch, der nicht weiß, wo er

herkommt, der nicht weiß, warum er hier ist, und der nicht weiß, wo er hingeht.

Sind Sie *doch* ein echter Sünder?

> *Denn die Sünde wird mit dem Tod bezahlt.*
> *Gott aber schenkt uns*
> *in der Gemeinschaft mit Jesus Christus,*
> *unserem Herrn,*
> *das ewige Leben, das schon jetzt beginnt*
> *und niemals aufhören wird.*
> *(Der Apostel Paulus im Brief an die Römer 6,23)*

18.

Woher kommen Sie?

Kann ein Komiker einen Philosophen erklären? Oder ein Philosoph einen Komiker? Kann es sein, dass beide manchmal dasselbe sagen wollen? Vielleicht kennen Sie den englischen Komiker Rowan Atkinson, genannt „Mr. Bean“. Seine Show beginnt immer mit folgender Szene:

Ein Lichtstrahl fällt auf die Erde, verbreitert sich zu einem Kegel, und plötzlich fällt „Mr. Bean“ herab, steht auf, schaut verwirrt um sich, läuft davon, kommt zurück und läuft verwirrt in die andere Richtung. „Mr.Bean“ ist kein Mensch wie wir. Er wird nicht geboren und erwachsen, sondern er „passiert“ einfach. Er wird in diese Welt geworfen und fragt sich nun verwirrt, was er denn jetzt hier machen soll.

Es gibt kaum ein besseres Bild für das, was der deutsche Philosoph Martin Heidegger als „Geworfenheit“ bezeichnet. Das Gefühl des heutigen Menschen ist, dass er in dieses Leben „geworfen“ wurde. Kein Mensch ist jemals gefragt worden, ob er zur Welt kommen wollte. Er wurde ins Leben „geworfen“ und fragt sich nun, wie er ausgerechnet hier hat landen können. Irgendwie fühlen wir uns dabei einem blinden Schicksal ausgeliefert. Wir können nur versuchen, das Leben einigermaßen angenehm zu gestalten und hoffen, dass uns schwere Schicksalsschläge erspart bleiben.

Aber dürfen wir uns darüber beklagen? Wenn wir unsere Herkunft als Geschöpfe Gottes verleugnen und ohne Gott leben möchten, sind wir dann nicht für unsere Lebensangst selbst verantwortlich?

Aber leben Sie gern „geworfen“? Bestimmt nicht! Und so suchen Menschen ihren Lebensentwurf irgendwo zwischen „A“ wie „Anthroposophie“ und „Z“ wie „Zen-Buddhismus“. Nur ein persönlicher Gott, der jeden von uns geplant und geschaffen hat und der uns liebt, der hat keinen Platz. Dabei ist doch gerade Weihnachten das Fest des persönlichen Gottes. Wir feiern keine neue Lehre und keinen gedanklichen Höhenflug, sondern die Geburt Gottes in unsere Welt, zu einem bestimmten Zeitpunkt, an einem ganz bestimmten Ort.

Sollten Sie manchmal ein Gefühl der Leere und Sinnlosigkeit haben – kann es sein, dass die „Ewigkeit in Ihrem Herzen“ nach dem Schöpfer sucht? Möchten Sie nicht gern dorthin zurück, wo Sie hingehören? Solange wir unserem Schöpfer den Rücken kehren, bleiben wir Sünder, also Menschen, die ihr Ziel verfehlt haben; so anständig wir auch leben mögen.

Obwohl die Menschen Gott schon immer kannten,
wollten sie ihn nicht anerkennen
und ihm nicht danken.
Statt dessen beschäftigten sie sich
mit belanglosen Dingen und konnten schließlich
in ihrer Unvernunft Gottes Willen
nicht mehr erkennen.
Sie meinten, besonders klug zu sein,
und waren in Wirklichkeit die größten Narren.
Statt den ewigen Gott zu ehren,
begeisterten sie sich für vergängliche Idole;
abgöttisch verehrten sie sterbliche Menschen,
ja sogar alle möglichen Tiere.
(Der Apostel Paulus im Brief an die Römer 1,21-23)

19.

Wozu sind Sie hier?

George Washington Curver war ein schwarzer US-Amerikaner, der Bedeutendes auf dem Gebiet der Agrarwirtschaft leistete. 1864 wurde er noch als Sklave geboren. Seine Lebensarbeit aber hatte großen Einfluss auf die Wirtschaft des amerikanischen Südens. Von ihm wird folgende Geschichte berichtet:

Einmal ging er zum Morgengebet in den Wald und betete um Weisheit: „Herr, warum hast du die Welt erschaffen?"
Als Antwort kam zurück: „Kleiner Mann, das ist zu groß für dich. Frage nach etwas Kleinerem."
George Washington Curver fragte daraufhin: „Herr, warum hast du die Menschen gemacht?"
Und er erhielt zur Antwort: „Kleiner Mann, das ist immer noch zu groß für dich. Frage nach etwas Kleinerem!"
Also überlegte er noch ein wenig und sagte dann: „Herr, warum hast du die Erdnuss gemacht?"

Und Gott sagte: „Das ist gerade deine Größe." Und so ging George Washington Curver an die Arbeit und fand neben vielem anderen 325 verschiedene Möglichkeiten, Erdnüsse zu verwerten.

Curver starb 1943 als berühmter und hoch geehrter Mann. Was immer an der Geschichte erfunden sein mag, wahr ist, dass George Washington Curver sein Leben mit Gott leben wollte und ein Meister im Kultivieren der Erde wurde.

Nun ist es in Europa kaum von Bedeutung, sich mit Erdnüssen zu beschäftigen. Und die wenigsten werden den Auftrag zur Pflege und Kultivierung der Erde so wörtlich wahrnehmen können wie er. Aber Curver kann uns trotzdem ein Beispiel sein: Er war ein Mensch, der um seinen Platz in dieser Welt wusste und deshalb glücklich wurde. Er zeigt uns, dass ein Nachfolger Jesu nicht die Hände in den Schoß legt und still auf den Himmel wartet. Nein, mehr als jeder andere kann er dieser Welt und den Menschen dienen. Denn am Ende muss er *nicht* zurückschauen und fragen: „Was soll das alles? Was hat es mir genützt?" Selbst wenn Schwierigkeiten kommen, weiß ein solcher Mensch, dass er keinem blinden Schicksal ausgeliefert ist, sondern dass sein Leben in Gottes liebender Hand liegt.

Dieses Wissen bewahrt niemanden vor Schwierigkeiten. In dieser gottlosen Welt begegnet auch ein Christ scheinbar ausweglosen Situationen und

Leiden. Aber die Freude darüber, als Mensch wieder da zu sein, wo er hingehört, zieht sich wie ein roter Faden durch das ganze Leben eines Christen.

Wenn Ihnen das fehlt und jeder Tag nur ein müdes Abrackern ist, dann wünsche ich Ihnen das Gespür für die „Ewigkeit in Ihrem Herzen“.

Denn da bin ich ganz sicher:
Weder Tod noch Leben,
weder Engel noch Dämonen,
weder Gegenwärtiges noch Zukünftiges
noch irgendwelche Gewalten,
weder Himmel noch Hölle oder sonst irgendetwas
können uns von der Liebe Gottes trennen,
die er uns in Jesus Christus, unserem Herrn,
bewiesen hat.
(Der Apostel Paulus im Brief an die Römer 8,38-39)

20.

Wo gehen Sie hin?

Frühere Generationen beschäftigte eine wichtige Frage: „Wie komme ich in den Himmel?“ Himmel und Hölle standen ihnen als reale Möglichkeiten immer vor Augen. Wie schafft man es bloß, am Ende auf der guten Seite zu stehen?

Was würden Sie als die wichtigste Frage Ihres Lebens bezeichnen? Die Antworten sind heute sicher vielfältig: „Wie schaffe ich es, gut durch diesen Tag zu kommen? Wie lange werde ich meine Arbeit behalten? Werde ich meinen Kindern das bieten können, was ich ihnen bieten möchte?“

Ich glaube, dass die meisten von uns die Fragen des täglichen Auskommens als die bedeutendsten ansehen würden. Dabei frage ich mich aber, ob frühere Generationen diese Fragen nicht auch hatten. Eigentlich bin ich mir ziemlich sicher, dass sie genau so fragten wie wir. Nur haben *wir* vielleicht keine alles überragende Frage mehr für unser Leben.

Mit der Frage nach einem „Leben nach dem Tod“ gehen wir heute eher salopp um: „Das werde ich dann schon sehen!“ oder „So schlimm bin ich ja nicht, Gott wird mich schon in seinen Himmel reinlassen!“

Und warum sollte es überhaupt eine „Auswahl“ geben. Wenn Gott die Menschen liebt, warum kommen dann nicht einfach alle in den Himmel? Aber: Warum sollten Menschen in den Himmel kommen, die es gar nicht wollen? Die Entscheidung für die Ewigkeit wird in diesem Leben getroffen. Warum sollte der Mensch, der lieber ohne Gott lebt, am Ende die Ewigkeit mit Gott verbringen müssen? Wir können sicher sein: Gott respektiert unsere Wahl.

Ein krasses Beispiel:

Stellen Sie sich vor, Sie kommen in den Himmel, und die ersten Menschen, denen Sie begegnen, sind Hitler und Stalin, fröhlich Arm in Arm. Würden Sie nicht an Gottes Gerechtigkeit zweifeln? Wollten Sie überhaupt in einen solchen Himmel, zu dem die größten Verbrecher noch Zutritt haben? Es muss doch einen Unterschied von ewiger Bedeutung für die Menschen geben.

Nun sind Sie sicher nicht im entferntesten so böse wie ein Hitler oder Stalin. Aber wo ist die Grenze zwischen Gut und Böse? Wer bestimmt das? Wer weiß das? Und wenn es Gott ist, der unser Leben bewertet, wann weiß ich, dass ich gut genug bin?

Wenn Sie mir seit dem 1. Dezember gefolgt sind, haben Sie mittlerweile schon einiges über den christlichen Glauben erfahren. Ich weiß nicht, ob Ihnen das alles logisch erscheint oder lächerlich, ob sich die „Ewigkeit in Ihrem Herzen“ sehnsüchtig gemeldet hat oder ob Sie für Ihre Sorgen keine Lösung sehen. Aber wenn Sie sich auf Jesus Christus einlassen, dann kann er nicht nur Helfer in Problemen sein. Eine Beziehung zu Jesus ist eine Beziehung für die Ewigkeit. Und deshalb ist die Frage unserer Vorfahren nach dem „Wo?“ der Ewigkeit nicht unangebracht. Wie aber kommt ein Mensch zu Gott? Die Geburt Jesu war ein Anfang, aber noch nicht die Lösung dieser Frage.

Denn darin sind die Menschen gleich:
Alle sind Sünder und haben nichts aufzuweisen,
was Gott gefallen könnte.
Aber was sich keiner verdienen kann,
schenkt Gott in seiner Güte: Er nimmt uns an,
weil Jesus Christus uns erlöst hat.
(Der Apostel Paulus im Brief an die Römer 3,23-24)

21.

Was haben Sie Gott zu bieten?

Vielleicht gehört Ihnen ein Kleinwagen. Stellen Sie sich vor, sie haben einen Unfall mit einem geliehenen Mercedes der Luxusklasse. Wäre es dann möglich, dem Besitzer als „Wiedergutmachung“ Ihren Kleinwagen anzubieten? Wohl kaum! Das würde nicht reichen. Sie müssten schon einen neuen Mercedes bringen.

So ähnlich ist es im Verhältnis zwischen uns und Gott. Wir sind Gott, unserem Schöpfer, verantwortlich. Dieser Verantwortung sind wir nicht gerecht geworden. Die daraus resultierende Schuld können wir nicht selbst bezahlen. Gott sieht uns an und sagt: „Du hast doch nichts anzubieten!“

Als der Mensch die Brücke zu seinem Gott abbrach, ist eine tiefe Kluft zwischen ihm und Gott entstanden. Aufbauen kann er sie von sich aus nicht. Soll der Mensch wieder zu ihm zurückkehren, muss Gott selber diese Brücke wieder aufbauen.

Um mit Gott wieder Gemeinschaft haben zu können, muss unsere Schuld bezahlt werden. Das könnten wir selber versuchen. Aber womit? Was haben wir zu bieten? Wir können niemals so viel aufbringen, wie nötig wäre. Und vor allem: Wie viel wäre genug?

Gott selbst hat eine Möglichkeit geschaffen, unsere Schuld zu bezahlen. In Jesus Christus wurde Gott selbst Mensch. Und er war der einzige Mensch, der ohne Schuld blieb, und deshalb war er in der Lage, unsere Schuld zu bezahlen. Denn er hatte etwas anzubieten: ein schuldloses Leben. Es heißt in der Bibel, dass Gott unsere Schuld auf Jesus legte. Er hat bezahlt. Aber warum sind wir dann nicht alle ganz automatisch wieder bei Gott? Weil Gott niemanden zwingt, sondern uns ein Angebot macht. Wer möchte, kann seine Schuld als durch Jesus bezahlt ansehen.

Es liegt an uns zu sagen, dass wir diesen Weg der Entschuldung gehen wollen. Gott sucht die Menschen und macht dieses Angebot aus Liebe zu den Menschen. Denn wir sollen zu ihm gehören und bei ihm zu Hause sein.

Das ist die Mitte des christlichen Glaubens: Gott ist Liebe, aber Gott ist auch gerecht. Wenn seine Geschöpfe sich weigern zu sein, was sie sein sollen, hat Gott dann nicht das Recht, uns seine Gemeinschaft zu entziehen? Aber weil er uns so sehr liebt, hat er einen Weg geschaffen. Jesus Christus starb an unserer Stelle. Das ist die Mühe, die Gott auf sich nahm:

Denn Gott hat die Menschen so sehr geliebt,
dass er seinen einzigen Sohn für sie hergab.
Jeder, der an ihn glaubt,
wird nicht verloren gehen,
sondern das ewige Leben haben.
(Evangelium nach Johannes 3,16)

22.

. . . und Glaube zum Schluss

Vielleicht wünschten Sie jetzt, ein Gebet zu sprechen. Sie wissen nicht, wie? Einfach, wie es Ihnen aus dem Herzen kommt. Jesus hört Sie. Allerdings habe ich Ihnen auch ein Gebet als kleine Hilfe oder als einen Vorschlag aufgeschrieben. Wenn Sie möchten, können Sie gleich zum morgigen Abschnitt gehen und das Gebet für sich lesen.

Das Schreiben fiel mir nicht immer leicht. Viele von Ihnen sind verletzt oder bedrückt durch Krankheit oder Trauer. Manche sind enttäuscht von anderen Menschen, vielleicht auch von Christen und von Gott. Immer wieder bleiben viele verwundet auf dem Schlachtfeld des Lebens liegen. Und doch glaube ich, dass es möglich ist, gegen Fürst Andrej zu sprechen: „. . .Wie schön ist es, *dass ich weiß,* wo ich hier in diesem Leben Hilfe suchen kann, und was mich dort, nach dem Tode, erwartet. Wie ruhig und glücklich *kann ich sein, weil* ich jetzt sagen kann: Herr, Gott, erbarme dich meiner!"

Es geht mir nicht darum, irgendeine Kirche zu verteidigen oder zu verdammen. Auch nicht darum, Sie zum Kirchgänger zu machen. Eigentlich wollte ich nur, dass Sie Jesus kennen lernen oder besser kennen lernen. Denn Jesu Platz war immer bei denen, die Gott nicht kannten oder die den Maßstäben der „frommen" Leute nicht standhielten. Ich kann Ihnen Gott auch nicht beweisen, und meine logischen Argumente mögen Risse haben. Denn wie gut Argumente auch sein mögen: Am Ende müssen wir doch *glauben*. Denn nur der Glaube bringt uns zurück zu Gott. Glauben ist alles, was wir tun können und tun sollen. Jeder Mensch erreicht in seinem Nachdenken über Gott diesen Punkt: Will ich glauben, oder will ich nicht glauben? Sie werden von Gott gesucht! Es ist so einfach, dass manche Leute es aus diesem Grund nicht annehmen wollen. Die Gemeinschaft mit Gott ist ein Geschenk. Dieses Geschenk kann man weder kaufen noch dafür arbeiten. Nur *glauben* und das Geschenk annehmen. Ich persönlich habe festgestellt, dass der Glaube ein fester Grund ist, der das Leben friedlicher und schöner macht. Er hilft, ein Leben zu gestalten, in dem man zufrieden ist, weil man dort ist, wo man hingehört. Weihnachten, das Rätsel der Geburt Jesu, und Ostern, das Rätsel der Auferstehung Jesu – wie sollten wir das jemals logisch fassen können? Jesus, ganz Gott und ganz Mensch – wie sollten wir das jemals wirklich verstehen können?

Es ist der Glaube, der uns den Weg mit Jesus fest und sicher macht. Aber der Schritt in den Glauben bleibt niemandem erspart. Und ich bin sicher, dass Jesus auch Ihr Leben verändern wird.

Jesus sagte zu ihm: „Du glaubst, weil du mich gesehen hast. Wie glücklich können erst die sein, die nicht sehen und trotzdem glauben."
(Evangelium nach Johannes 20,29)

23.

Gebet

Lieber Herr Jesus,
es ist gar nicht so einfach,
Dir mein Leben anzuvertrauen.
Vieles, was ich über Dich höre und lese,
kann ich noch nicht verstehen.
Und doch fühle ich auch die Ewigkeit
in meinem Herzen. Sie ruft mir zu,
mich mit diesem Leben nicht zufrieden zu geben.

Herr Jesus,
manchmal denke ich, dass ich Dich gar nicht brauche.
Mein Leben läuft auch ganz gut ohne Dich.
Und dann gibt es Tage, an denen ich mir wünsche,
dass jemand da wäre; jemand, der mir zusichert,
dass ich nicht einfach einem blinden Schicksal
ausgeliefert bin.

Lieber Herr Jesus,
ich bin etwas unsicher,
ob Du dieser Jemand für mein Leben sein kannst.
Aber, weil Du die Mühseligen und Beladenen
zu Dir gerufen hast, will ich Dir glauben.

Von Anfang meines Lebens an hast Du
mich gekannt und gesucht. Dafür danke ich Dir.
Du bist für mich persönlich gestorben,
damit ich in der Gemeinschaft mit Dir
und dem Vater leben kann.
Lange wollte ich nichts von Gott wissen,
aber Du hast meine Schuld bezahlt.
Vergib mir meine Schuld!
Ich möchte wieder zuhause sein,
ich möchte da sein, wo ich als Mensch hingehöre.
Danke, dass Du den Weg zu Gott frei gemacht hast.
Und hilf mir bitte auch, Dir in meinem Alltag
zu begegnen und ein treuer Nachfolger zu werden!

Hilf mir, Herr Jesus, dass ich nicht versuche,
bloß fromme Regeln zu befolgen;
vielmehr will ich Dir nachfolgen
und mein Leben nach Deinem Willen gestalten.
Ich möchte ein Geschöpf sein,
das nach seiner Bestimmung lebt.

Wenn ich Dich auch noch nicht so gut verstehe
und noch wenig von Dir weiß, vertraue ich dir
und warte darauf, dass Du mein Leben veränderst.
Ich nehme Dich beim Wort - mache Du mein Leben
neu!

Jesus spricht:
Wer zu mir kommt,
den werde ich nicht hinausstoßen.
(Evangelium nach Johannes 6,37)

24.

Frohe Weihnachten!

Vielleicht stehen Sie jetzt in den Startlöchern, um die letzten Vorbereitungen zu treffen. Oder Sie haben sich gerade hingesetzt, weil Sie heute sowieso nichts mehr schaffen können. Hat sich Ihr Herz in den letzten Tagen verändert?

Wenn Sie sich entschlossen haben, mit Jesus zu leben oder erst noch mehr über ihn zu erfahren, sollten Sie Ihre Bibel hervorholen oder sich eine besorgen. Vielleicht wünschen Sie sich ein Gespräch oder Anleitung zum Bibellesen. Dann sollten Sie die Gemeinschaft anderer Christen suchen. Von wem haben Sie dieses Buch? Im günstigsten Falle haben Sie es von jemandem, der Jesus nachfolgt.

Wenn die Ewigkeit sich in den letzten Tagen in ihrem Herzen gemeldet hat, bringen Sie diese Stimme nur nicht zum Schweigen. Gottes Gnade ist ewig, aber sie hat auch ihre Stunde. Wenn Sie merken, dass Gott zu Ihnen spricht, sollten Sie sich darauf einlassen.

Mir bleibt nur, mich für diesmal mit einer letzten Geschichte von Ihnen zu verabschieden und Ihnen ein gesegnetes Weihnachtsfest zu wünschen.

In seinem berühmten „Weihnachtslied in Prosa“ schreibt Charles Dickens von dem alten, griesgrämigen, geizigen Ebenezer Scrooge. Er unterdrückt seinen Schreiber und ist unbarmherzig gegen jedermann. Auch für Weihnachten hat er nichts übrig, und von der Einladung zur Weihnachtsfeier seines Neffen will er nichts wissen. In der Weihnachtsnacht aber erscheinen ihm im Traum die Geister derer, die er ruiniert, schlecht behandelt und ins Grab gebracht hat. Voller Entsetzten merkt er, was für ein trauriges Leben er geführt hat und welches schlimme Ende ihm bevorsteht. Plötzlich erkennt Scrooge, was im Leben wirklich wichtig und was unwichtig ist.

Und das wünsche ich auch Ihnen: ein Weihnachtsfest, das Sie um seines wirklichen Sinnes willen feiern. Ein Weihnachtsfest, das nicht unsere Geschenke, sondern Gottes Geschenk an uns – Jesus Christus – zum Mittelpunkt hat. Und ich wünsche Ihnen, dass man von Ihnen das sagt, was die Leute später über Ebenezer Scrooge sagten:

„. . . Man sagte ihm stets nach, dass er wisse, wie man Weihnachten feiern müsse, wenn überhaupt ein lebender Mensch dieses Wissen besitze. Oh, ließe sich das doch auch wahrheitsgemäß von uns, und zwar von uns allen behaupten! Und so sage ich mit Tiny Tim: ‚Gott segne uns alle und jeden besonders!‘“

Frohe Weihnachten!